서툰 하루들 속에서 나에게 건네는 위로

때 묻은 나도
괜찮아

최병섭

때 묻은 나도 괜찮아

펴 낸 날 2025년 11월 14일

지 은 이   최병섭
펴 낸 이   이기성
기획편집   최인용, 서해주, 권희연
표지디자인 최인용
책임마케팅 이수영, 김정훈
펴 낸 곳   도서출판 생각나눔
출판등록   제 2018-000288호
주   소   경기도 고양시 덕양구 청초로 66, 덕은리버워크 B동 1708, 1709호
전   화   02-325-5100
팩   스   02-325-5101
이 메 일   bookmain@think-book.com

• 책값은 표지 뒷면에 표기되어 있습니다.
  ISBN   979-11-7048-937-5(03810)

서툰 하루들 속에서 나에게 건네는 위로

때 묻은 나도
괜찮아

최병섭

흠 많고 서툰 날들을 지나 조금씩 나를 이해하게 되었다

생각나눔

| 프롤로그 |

이 책은 오랜 시간 자신의 마음을 돌보며
써온 메모와 일기에서 비롯되었다.

"때 묻은 나에게, 괜찮다고 말해주는 연습"
예전엔 매끄럽지 않은 내가 싫었다.
무리 속에선 더 밝아 보이려 애쓰고,
거울 앞에선 자꾸만 흠을 찾아냈다.

누가 뭐라 하지 않아도,
나는 나를 내내 혼내고 있었다.
그래도 "괜찮아. 너 잘하고 있어."
그 말을 수없이 반복하다 보니
조금씩 내 안에 따뜻한 자리가 생겼다.

완벽하지 않아도 괜찮고,
어설프고 모자라도 충분하다는 걸
나부터 믿기로 했다.

그게 자존감의 시작이었고,
나와 잘 지내는 법이었다.

이 책이
어느 날 당신의 마음 한 조각에
다정한 쉼표가 되어주길.

때 묻고 상처 난 당신의 하루에
작은 위로가 되어주길 바란다.

| 목 차 |

Chapter 3

천천히, 나답게 걷는 중입니다

Chapter 4

마음의 온도를 배워가는 중

Chapter 5

지나서야 알게 되는 것들

마음이 흔들릴 때마다 결국 돌아오는 건
나 자신이었다.
완벽하지 않아도 괜찮다고,
지금 이 모습 그대로도 충분하다고 말해주기까지
나는 참 오랜 시간
나와 화해하는 법을 배우는 중이었다.

Chapter 1

마음을 건네는 일부터 시작했다

"우리는 애정 어린 관계 속에서만
진짜 자기 자신이 된다."

- 도널드 위니컷(Donald Winnicott) -
『Playing and Reality』

따뜻한 온기가 오래 머물기를

"뜨거운 불은 빨리 타고, 따뜻한 불은 오래 간다."

한때는 타인의 열정과 에너지를 부러워했다.
모두가 불타는 것처럼 보였다.
무언가에 확 빠지고
쉴 새 없이 움직이고
열정적으로 사는 것처럼 느껴졌다.

근데 나는 달랐다.
어릴 때부터 누군가의 이야기를 들어주는 걸 좋아했다.
친구들이 고민을 털어놓을 때,
난 조용히 듣고 조심스럽게 마음을 건넸다.
그 시간이 너무 좋았다.

그래서 처음 상담사가 되고 싶다는 생각을 했다.
누군가에게 도움이 된다는 느낌
그 사람에게 내가 '따뜻한 존재'가 될 수 있다는 믿음.
그건 잠깐 타오르는 열정이 아니라
따스한 가는 온기였다.
나는 이제 그게 좋다.

타들어 가는 모닥불에
이야기를 건네온다.
그 마음이 참 고맙다.

오랫동안 장작이 되어줄게.
따뜻하게 머물다 가.

그 손을 건네며

"그 손에는 말보다 깊은 마음이 담겨 있다."

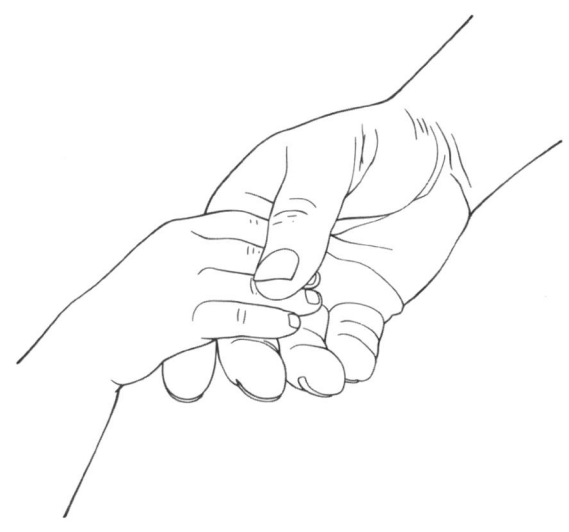

결혼식에서
신부가 아버지와 함께 손을 잡고 입장하는 장면을 보면
가슴이 뭉클해질 때가 있다.

아버지가 신랑에게 조심스레 딸의 손을 건네는 모습에
묵직한 감정이 밀려온다.
그 손을 건네는 데 담긴 마음 때문이다.

아버지의 절반 인생을 함께한 딸,
세상의 그 무엇보다 소중하고
한없이 사랑스럽고 귀했던 아이.

그 아이를 이제
다른 사람의 손에
신뢰로 맡기는 것이다.

그 순간,
말은 없지만 이런 마음이 들리는 듯했다.

'이 아이는 내 인생의 절반을 담은 아이입니다.
나의 모든 날이 이 아이와 함께였습니다.
부디, 이 아이를 소중히 여겨주십시오.
잘 부탁드립니다.'

건네는 손에서
조심스럽고도 진심 어린 부탁이 들려온다.

손에 남은 사랑

"잡았던 손은 잊혀도, 그 감정은 남는다."

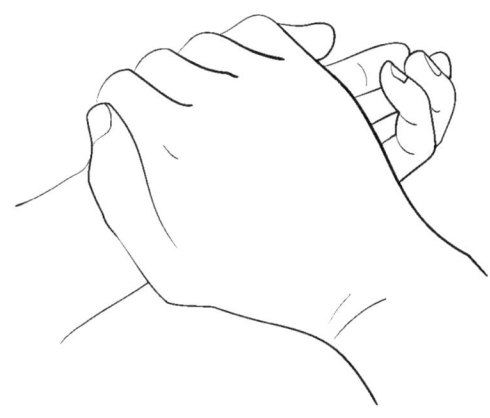

이외수 작가는 말했다.
'열 개의 손가락은
엄마 뱃속 열 달을 기억하기 위해 존재한다.'
그 말을 듣는 순간, 엄마가 떠올랐다.

엄마는 나를 있는 그대로 사랑해 줬다.
그런 사람이 세상에 단 한 명이라도 있다는 건
어쩌면 평생을 지탱해 주는 가장 큰 힘이다.

나는 엄마에게 좋은 아들이 되고 싶었다.
나를 보면 행복해했다.
그래서 나는 어릴 적부터
엄마를 웃게 하고 싶었다.
그게 내가 엄마를
조금이나마 돕는 방법이었다.

시간이 흘러도
그 사랑은 여전히 내 안에 남아 있다.
사람을 좋아하게 된 것도
상처를 감싸고 이야기를 듣는 걸 좋아하게 된 것도

어쩌면 그때부터였는지도 모르겠다.

엄마와 함께했던 시간
그 손을 꼭 잡았던 순간들.
그 따뜻했던 감촉이
지금도 내 손끝에 남아 있다.

말없이 쥐고 있는 이 손 안에
엄마의 온도가 여전히 머문다.

영혼을 어루만지는 일

"진짜 위로는, 마음보다 깊은 곳까지 닿는다."

'공감이란, 타인의 신발을 신고
그 길을 걸어보는 것이다.'
심리학자 로저스의 말처럼
공감은 단순한 이해를 넘어
마음 깊은 곳에 발을 들이는 일이다.

상담을 하다 보면
감정을 더욱 정확하게 읽어줄 때
감정을 말로 풀어주고
나의 마음을 알아준다는 느낌으로 다가올 때
묵었던 감정이 천천히 풀려간다.

'이 마음을 이해해 주는구나.'
'이 감정이 이상한 게 아니구나.'
'내가 이상해서 이렇게 느끼는 게 아니었구나.'

그런 순간들 속에서
사람들은 위로받고
조금 덜 외로워진다.

공감은 그렇게
위로가 되고
위로는 곧 회복이 된다.

그래서 진짜 공감은
마음보다 더 깊은 곳
영혼을 위로하는 일이라 느껴진다.

말은 곧, 생각의 깊이다

"조용한 말일수록 오래 울린다."

말을 잘하는 사람은
사실 생각을 잘하는 사람이다.

유창한 언변보다 중요한 건
그 안에 담긴 밀도다.

말은 순간 지나가지만
그 말 안에 담긴 생각은 오래 남는다.

그 깊이가 없으면
사람들은 금세 알아챈다.

상담사가 된 지금
나는 말보다 침묵의 무게를 배운다.

그리고 그 침묵 안에서
조심스럽게 건네는 한마디가
누군가에게 오래 남는 문장이 된다.

그 한마디에 닿기 위해

오늘도 깊이 생각하고
천천히 말하려 한다.

이 길을 걷길, 참 잘했다

"후회하지 않으려면, 충분히 흔들려야 한다."

상담사가 되고자 처음 마음먹었을 때
그건 결코 가벼운 선택이 아니었다.

이 길이 나랑 맞을까
끝까지 해낼 수 있을까
많은 고민과 망설임 끝에 내디딘 첫걸음이었다.

돌아보면 그때의 나는
할 수 있는 모든 생각을 다 해봤고
자신을 치열하게 들여다봤다.
그래서 그 선택을 믿었다.

그리고 지금까지 한 번도 후회한 적이 없다.
공부를 하면서 사람의 마음을 배웠고
그 마음을 알아가며 나 자신도 조금씩 바뀌었다.

내가 왜 그런 삶을 살아왔는지,
이런 내가 어쩌다 나올 수밖에 없었는지 이해하게 됐다.

나는 누군가를 돕기 위해 이 공부를 시작했지만,
사실은 그 시간이 나를 더 단단하게 키워줬다.
조금씩 또렷해졌고
그 덕분에 나는 지금 내 삶을 더 잘 살아가고 있다.

앞으로 이 일을 계속할지, 할 수 있을지는 모른다.
먼 훗날엔 상담사가 아니게 될 수도 있겠지만,
그래도 괜찮다.

이 공부를 할 수 있다는 것만 해도
충분히 감사했다.
영광이었다.

타인의 파도에 휩쓸리지 않기

"다른 사람의 파도에 내가 휘말릴 필요는 없다."

마음은 늘 요동친다.
특히 감정적으로 반응하는 사람 앞에서는
나도 모르게 같이 흔들릴 때가 많다.

누군가가 나에게 화를 내고, 험한 말을 쏟아낼 때
순간 움츠러들고, '내가 뭘 잘못했나?' 싶어진다.
하지만 그 감정은
그 사람의 파도라는 걸
깨달아야 한다.

그 사람이 불안하거나, 지쳐 있거나,
자기 안의 문제를 감당하지 못해
나에게 던진 감정이라는 걸.

그 감정은 나의 것이 아니다.
그 감정을 다루는 일은 그 사람의 몫이다.
상대의 파도에 내가 함께 휘말릴 필요는 없다.

흔들리지 않으려 애쓰기보다
흔들릴 이유가 없다는 걸 아는 것.
그것이 조금씩 단단해지는 길이다.

때로는, 늦게 도착한 마음

"야속하지만 사랑이 꼭 제시간에 도착하지는 않는다."

미안하다는 말은 생각보다 어렵다.
쑥스럽고, 어색하고, 타이밍을 놓치면
오히려 더 못 꺼낸 채 마음속에 묻히고 만다.

그런데 그 말 안에는
이해하려는 마음과 다시 되돌이키려는 마음이 들어 있다.
그래서 결국 미안하다는 건 사랑이다.

우리 집엔 오래된 몬스테라가 있다.
이전 집에서도 좁고 어두운 화분에서
꿋꿋이 버텨준 아이.
그땐 이렇게 잘 자랄 수 있는 식물이라는 걸 몰랐다.

이사 후 환경이 바뀌어
햇살이 드는 창가에 두고 화분을 넓혀주자
순식간에 풍성하게 자라났다.

그 모습을 볼 때마다 기특함과 함께
이상하게도 미안하다는 생각이 먼저 들었다.
조금 더 일찍 좋은 환경에서 자라게 해줬더라면

그랬다면 더 빨리 빛날 수 있었을 텐데.
이렇게 가능성이 높은 아이였는데 몰랐구나.

그 마음을 느끼는 순간
문득 엄마가 떠올랐다.
혹시 엄마도 나를 키우면서 그런 마음이 있었을까.

모든 게 어렵고 힘들었던 그 시절
엄마도 엄마가 처음이었기에
'도와주고 싶었지만, 그땐 나도 사는 게 너무 벅찼어.'
'내가 해줄 수 있는 게 없어서 미안했어.'
그런 마음이진 않았을까.

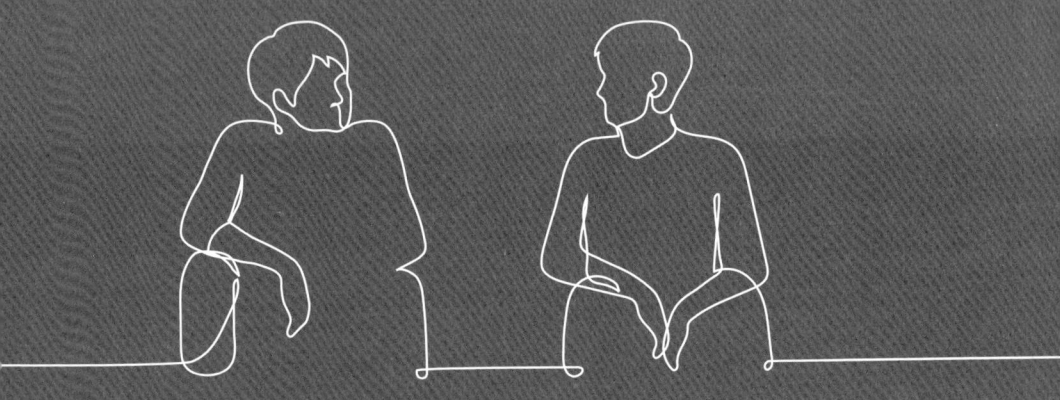

마음이 흔들릴 때마다 결국 돌아오는 건
'나 자신'이었다.
완벽하지 않아도 괜찮다고, 지금 이 모습 그대로도
충분하다고 말해주기까지
나는 참 오랜 시간
나와 화해하는 법을 배우는 중이었다.

Chapter 2

조용히, 나를 마주하는 연습

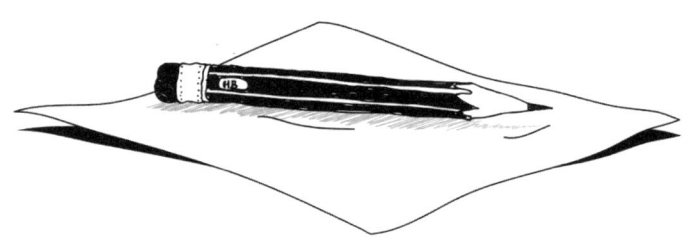

"자기 이해는 회복의 첫걸음이다."

- 칼 로저스(Carl Rogers) -
『On Becoming a Person』

나와는 잘 지내고 계신가요?

"세상에서 가장 가까운 관계는 나와 나 자신이다."

어린아이든, 학생이든, 어르신이든
나는 사람들과 꽤 잘 지내는 편이다.
처음 보는 사람에게도 어렵지 않게 말을 걸고,
어느새 마음을 나누고 있기도 한다.

말이 많든 적든
서로 다른 리듬을 가진 사람들과도
곧 잘 어울린다.

그런 내가
나와는 잘 지내고 있는 걸까?

지친 누군가에겐 충분히 애썼다고 말하면서
정작 나에겐 그 정도로 힘든 게 뭐가 힘들다고
조용히 몰아세우기도 하고

실수한 사람에겐
"괜찮아요, 누구나 그래요." 하면서
내 실수엔 괜한 자책으로 마음을 찌푸리기도 한다.

내가 나의 친구라면
나는 좋은 친구일까.
사람과 사람 사이에 다정함이 필요한 것처럼
나와 나 사이에도
조금 더 따뜻한 마음이 필요할지도 모르겠다.

나는 왜 나한테만 그렇게 모질까.
진짜 미안하게.

살아낸 흔적

"상처는 아프지만, 흉터는 단단하다."

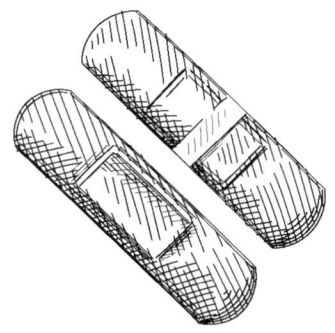

흉터는 말을 하지 않는다.
그저 조용히
내가 견뎌온 시간을 증명할 뿐이다.

어릴 적, 우리 집은 넉넉하진 않았다.
그런데 이상하게도
나는 한 번도 가난하다고 느껴본 적이 없었다.

그리고 우리 집에
사람들 초대하는 걸 좋아했다.
엄마도 나도 지인들을 자주 불러
함께 모여 놀고 이야기하는 게 익숙했다.

그러던 어느 날,
친하지 않은 친구가 우리 집에 처음 왔다.
그리곤 말했다.
"여기 빈민촌 같아."

아무리 사춘기 철없는 아이의 말이라고 해도
무례하다고 느꼈을 법도 한데

그때의 나는 그 친구보단
우리 집이 문제가 있나 하는 생각이 들었다.

'우리 집이 그렇게 보이나?'
그제야 처음으로
내가 살아온 공간을 다르게 바라보게 되었다.

그 뒤로는
사람들을 초대할 때
어딘가 마음 한편이 조심스러워졌다.
예전처럼 마냥 들뜨지는 않았다.

그 말은 내 안에 조용히 자리 잡았고,
나도 모르게 흉터가 되었다.

하지만 나는 여전히
침구들과 어울리는 걸 좋아했고
우리 집을 좋아했고
친구들을 초대했다.

조금 서운하고 조심스러워진 건 맞지만
그게 나를 꺾진 못했다.
흉터는 그렇게 남았다.

더는 아프진 않지만
여전히 나에겐 그 말이 기억난다.
내가 살아오며 가지게 된 흔적이다.

기대하지 않겠다는 기대

"실망이 익숙해도, 마음은 여전히 누군가를 기다린다."

'이젠 기대하지 말자.'
스스로 그렇게 다짐했던 적
누구나 한 번쯤은 있다.

실망이 반복되면
다시는 기대하지 않겠다고 마음을 접는다.

그런데도 이상하게
'혹시나' 하는 마음은
늘 그보다 먼저 깨어난다.

아무 뜻 없는 말 한마디
우연히 스친 장면 하나에도
마음이 먼저 반응하고
생각보다 깊이 흔들린다.

기대하지 않겠다는 말은
어쩌면 여전히 기대하고 있다는
조용한 고백인지도 모른다.

그게 어리석은 건 아니다.

사람은 누구나
믿고 싶은 마음,
다시 기대해 보고 싶은 마음을
한쪽에 품고 있다.

다 그렇다.

구름은 지나가고, 나는 남는다

"생각은 정답이 아니라,

잠시 들렀다 가는 손님일 뿐이다."

걱정, 불안, 아쉬움
머릿속에서 거세게 몰아치는 생각들.

그 순간엔 모든 게 심각하게 느껴지고
그 감정이 영원히 계속될 것만 같다.

하지만 시간이 흐르면 알게 된다.
그때의 감정도, 생각도
결국은 스쳐 지나간 구름이었다는 걸.

비가 오고, 바람이 불어도
하늘은 그대로 있고,
지구는 여전히 돌고 있다.
나무는 그 속에서도 자라고,
계절은 어김없이 바뀐다.

우리의 마음도 그렇다.
감정이 흔들릴 수는 있어도
내가 살아온 시간이 사라지는 건 아니다.
지금, 이 순간 느끼는 감정들도

그저 지나가는 구름이다.

나는 여전히
그 아래 단단히 뿌리 내린 나무다.
구름은 흘러가고
바람은 불어가지만
나는 남는다.

그래도 나는 괜찮은 사람이다

"스스로에게 괜찮다고 말해줄 수 있으면

그걸로 충분하다."

가끔 그런 날이 있다.
평소보다 말이 줄고
괜히 내가 별로인 것만 같은 날.

별일 없었는데도 마음이 시무룩하고
내가 참 못나 보이고
괜찮은 척하기도 버거운 날.

그럼에도 스스로에게 말해주려 한다.
아주 작게
가장 단단하게 나를 지켜주는 말.

그래도 나는 괜찮은 사람이야.
마음을 조금은 붙잡는다.

자기를 탓하지도 감추려 하지도 않는 사람을 봤다.
실수하면 실수한 대로
모자라면 모자란 대로
담담하게 받아들이는 모습.

그 사람이 특별히 멋진 말을 한 것도
눈에 띄게 잘난 것도 아니었는데
왠지 단단해 보였다.

자신을 있는 그대로 받아들인 사람의 모습이
얼마나 멋진지.

자신에게 괜찮다고 말할 수 있는 힘.
있는 그대로의 나에게 고개를 끄덕여주는 일.
그게 바로 자존감이었다.

탓하기 전에, 나를 본다

"거울을 바꾸지 말고, 나를 본다."

절에 들렀을 때 본 한 문장이 마음에 툭 걸렸다.
'거울은 그대로 두고, 그대의 모습을 바꿔라.'라는 말.

살면서 누군가를 쉽게 탓하고
얘가 어째서, 재는 이래서 하며
말해온 시간들이 떠올랐다.

그런데 생각해 보면,
그 사람의 모습이 내 안 이딘가와 닮았기 때문에
불편했던 건지도 모른다.

세상을 바꾸는 건 어렵다.
그러나 내 태도를 바꾸는 일은
비록 어렵지만 분명 가능한 일이다.

불편한 사람을 보기 전에
그 불편함이 어디에서 비롯된 건지
먼저 나에게 물어보려 한다.

거울을 탓하기 전에
그 안에 비친 나를 제대로 마주보는 것.
그리고 그것부터 바꾸는 것.
그게 시작점이자
마지막이어야 할 지점이다.

내게만 보이는 상처

"남들은 몰라도, 나는 아픈 곳."

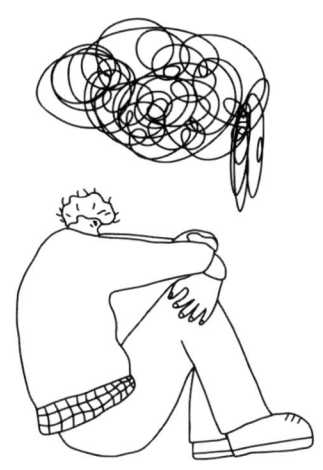

누구에게나 작은 상처 하나쯤은 있다.
그 상처를 품은 채
우리는 평범한 하루를 살아낸다.

다른 사람들은 그냥 꽃을 보고 웃고
별일 아닌 듯 지나가지만
나의 상처에
나만은 자꾸만 걸린다.

마음만 조금 비우면
나도 그 꽃의 아름다움을 느낄 수 있을 텐데
그런데 이상하게도
상처 하나가 마음 전체를 덮을 때가 있다.

그런 날이 있다.

여행하듯 살아보기

"내려놓으면, 세상은 낯설게 반짝인다."

20살, 지방에서 살다가 도시에 처음 올라왔을 때
건물 하나하나가 다 커 보였다.
모든 게 새롭고 반짝였다.

그리고 신호등이 바뀌어 사람들이 건너고나면
금세 또 다른 사람들이 모여 신호를 기다리는
구월동 터미널 사거리의 모습이
낯설고도 신기했다.

그때의 이 도시는
나에게 하나의 여행지 같았다.
특별한 걸 하지 않아도 좋았다.
길을 걷고, 친구들과 웃고, 처음 본 풍경에 감탄하고.
그게 하루의 전부였다.

여행지에서 평화로운 이유는
해야 할 게 없어서가 아니라
잘해야 할 의무를 내려놓기 때문인지도 모른다.

그때의 나는
살아가는 것처럼 여행했고
여행하듯이 살았던 것 같다.

요즘도 가끔 낯설게 보려 한다.
지금 평화로운 여행지에 와 있는 듯이.

비교하지 않고, 조급해하지 않고,
내가 딛는 걸음에 의미를 담기 시작했다.
조금 늦더라도, 흔들리더라도 괜찮다.
내 속도대로 살아가는 법을 배우는 중이다.

Chapter 3

천천히, 나답게 걷는 중입니다

"삶은 문제를 푸는 것이 아니라,
살아가는 것이다."

- 칼 융(Carl Jung) -
『Modern Man in Search of a Soul』

인생 공부했습니다

"인생 공부, 마음을 가볍게 하는 주문"

혜민 스님이 말했다.
"인생 공부했지요."
이 한마디가 마음을 한결 가볍게 만든다고.

처음엔 별생각 없던 말이었는데
정말 뜻하지 않은 일들을 겪다 보면
이 말이 위로처럼 느껴질 때가 있다.

10년간 정든 전세 자취방.
정든 그 집과 이렇게 복잡하게 헤어질 줄은
상상도 못 했다.

전세금을 못 돌려받지 못했고
결국 경매에 넘어가며 겪는 스트레스는
지금도 말로 다 표현하기 어렵다.

하지만 그 시간 덕분에
법적인 절차, 부동산 구조, 사람 간의 신뢰까지
배운 것이 참 많았다.

이건 위기와 함께 찾아온 성장의 시간이었고
억울함과 함께 따라온 배움의 기회였다.

살다 보면
내가 하지 않은 일 때문에 억울한 일도 생기고
내가 손해 보며 노력과 시간을 쏟아야 하는 상황도 생긴다.

하지만 그렇게 경험되는 모든 시간을
스님이 말한 듯이 생각하면
그 자체로도 꽤 괜찮은 의미가 된다.

"인생 공부했습니다."

그냥은 없다

"그냥은 없었다. 모든 순간엔 궤적이 남았다."

기쁨도 슬픔도 행복도
언제나 잠시 머문다.
왔다가 스쳐 가고, 또다시 온다.
그래서 나는 언젠가부터
오늘의 감정이 아닌
'삶의 의미'라는 단단한 기둥을 찾으려 했다.

그게 있어야 흔들려도
그저 버티는 게 아니라
살아낼 수 있을 것 같았다.

되돌아보면
그때는 도무지 이해할 수 없던 시간도
지금은 꼭 필요했던 조각들이었다.

대학원 1학년 때, 정말 너무 힘들었다.
상담을 하려고 시작한 길인데
논문과 연구 방법, 통계와 같은
낯선 분야에 대한 부담감이 나를 압도했다.

꾸역꾸역하면서도
이걸 왜 해야 하냐며 징징대기도 했다.
이 과정이 내가 꿈꿨던 상담과는 거리가 멀게만 느껴졌다.

그런데 지금은 다르다.
그 시간을 지나면서
나는 연구에 강한 상담사가 되었고
논문으로 누군가의 길을 도울 수 있는 사람이 되었다.
그때 쌓은 시간이
지금 나를 찾게 만드는 자산이 되었다.

그땐 정말 몰랐다.
그 시간이 나의 궤적이 될 줄을.

내가 살아낸 시간이 이어져
내가 걸어온 궤도를 만든다.
그것이 나에게 무의미하지 않았다.
의미는 시간이 지나야 드러나는 것이다.

그냥 산 건 없다.

되돌아왔지만 같지 않다

"제자리에 돌아온다 해도, 어제보다 단단하다."

가끔은
이제는 극복했다고 생각했던 마음이
다시 찾아오는 날이 있다.

그 자리에 다시 서 있는 기분.
하지만 그건 퇴보가 아니다.
우리는 조금 더 단단해진 채 돌아오는 순환을 살아간다.

감정은 어떤 결승선을 통과한 뒤에
깨끗이 정리되는 게 아니다.
그저 오늘을 다시 살아내는 일의 반복.

나는 심리상담 수련을 하며
많이 위축되기도 했다.

내가 잘못한 점, 부족한 점을 듣고
자꾸 작아지고, 위축되고,
'내가 문제인가?'라는 생각에 잠기기도 했다.

하지만 그 과정이
내 마음을 이해하고
상처를 다루는 기술을 배우는 시간이었다.

여전히 부족한 걸 느끼며
그렇게 매번 제자리로 돌아온 듯해도
전과는 다른 내가 되어 있는 건 맞다.

조금씩 나아가고 있었다.

조금 늦어도 뿌리 깊게 피는 꽃

"속도보다 중요한 건, 나만의 방향이다."

심리상담사가 되기로 마음먹었을 때
이미 알고 있었다.
이 길은 느릴 수밖에 없다는 걸.

대학원을 나와야 하고,
상담 수련을 받고, 자격을 갖추기까지
남들보다 훨씬 긴 시간이 필요했다.

그래서 때론 조급했다.
친구들은 취업하고, 가정을 꾸리고,
어느새 자리를 잡은 듯 보였으니까.

나는 아직 준비 중인 사람 같았고,
뒤처진 것처럼 느껴지기도 했다.

하지만
삶은 속도가 아니라 방향이었다.

상담사라는 일은
내게 깊은 보람을 줬고
내가 누구인지 더 단단히 알게 해줬다.

지금의 나는 좋은 사람들과 일하며
퇴근 후엔 여유 있는 저녁을 보내고
사랑하는 사람과 따뜻한 대화를 나누며 산다.

돈보다 더 중요한 시간.
속도보다 더 소중한 균형.
늦게 피었지만
그만큼 더 깊게 뿌리내린 삶이다.

가끔은 지금의 이 삶이
참 과분하게 느껴질 때도 있다.

그럴 때,
내 마음은 조용히 대답해 준다.

괜찮아.
이건 우연이 아니라
조금 느려도 한 발 한 발 걸어온
내 발걸음이 만든 결과라는 걸.

여유를 배우는 중입니다

"여유는 멈추는 기술이 아니라, 놓아주는 용기다."

여유란 게 그렇다.
항상 '좀만 더 벌면', '일 끝나면', '다 끝나면' 올 줄 알았다.

근데 막상 시간이 주어지면
이렇게 한가해도 되는 건지 시간 낭비하고 있는 건 아닌지
그런 생각에 오히려 불편해진다.

한동안 나도 그랬다.
일하면서도 여유를 꿈꿨다.
좋은 경치 보며
여유롭게 커피 마시는 상상을 했었다.
근데 막상 그런 날이 오니까
낯설었다.

어쩌면 나는 늘 긴장한 채 살아왔던 걸까?
달리는 게 익숙해서 멈추는 법을 몰랐던 걸까?

여유는 목표가 아니라 태도였다.
흘러가는 시간을 억지로 붙잡지 않고
그저 바라보는 것.

그게 진짜 여유다.

달콤하진 않아도
마음이 편안한
그런 여유 말이다.

도약을 위한 웅크림

"하늘을 나는 점프에도,
먼저 웅크리는 시간이 필요하다."

스키점프를 보면
밤하늘을 수놓은 조명 위로
사람이 멋지게 날아오른다.

그 모습을 보고 있으면
찬란하게 느껴진다.
하지만 그 눈부신 순간 뒤에는
조용히 웅크리고 버티는 시간이 있다.

참고, 기다리고, 준비하는 시간.
그 시간이 있어야만
비로소 멋진 비상이 가능해진다.

나의 시절에도 꼭 참고 있어야 했던 때가 있었다.
그 터널이 끝나기만을 바라면서.
그건 도약을 위한 속도 줄이기였다.

나는 이제 안다.
모든 비상에는 반드시
웅크리는 시간이 필요하다는 걸.

지금 누군가
그 시간을 지나고 있다면 말해주고 싶다.
멈춤이 아니다.
포기도 아니다.
도약을 위해 웅크리고 있는 거다.

그 과정을 지나고 있는 거다.

내가 잘하는 걸로 세상을 돕는다면

"나의 방식으로 나를 내어준다."

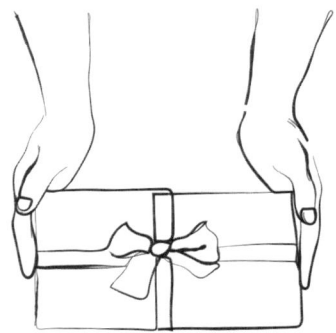

늘 어디엔가 도움이 되고 싶었다.
봉사도, 기부도, 베풂도.
근데 어디서부터 시작해야 할지 몰라
발걸음이 쉽게 떨어지지 않았던 때가 많았다.

그러다 어느 날 문득 생각이 들었다.
'내가 잘하는 걸로 도우면 되는 거 아냐?'

나는 쇼핑을 좋아한다.
가격 비교하며 찾아보는 것도 재미있고
리뷰를 읽으며 좋은 걸 확인하는 이 과정이 즐겁다.

그래서 언제부턴가
그 방법으로 나름의 봉사를 하고 있다.

보육원에 선물을 보내는 일.
여름이면 아이스크림을 보내고
유행하는 과자를 보내는 일.

어떤 게 필요할까 고민하고
아이들은 어떤 걸 좋아할까 고르며
내가 할 수 있는 방식으로
마음을 담았다.

거창하지 않아도 된다.
크지 않아도 충분하다.
그냥, 내가 잘하는 걸로
누군가의 하루가 웃음으로 채워졌다면
그걸로 충분히 의미 있다.

내가 좋아하는 일로 도움을 줄 수 있어서
감사하다.

고단했던 시간은 그냥 지나가지 않았다.
버티는 날들 속에서도 삶은 조용히 나를 가르쳤고,
그 모든 순간이 지금의 나를 만들었다.
결국 그냥 지나간 시간은 없었다.
천천히, 나답게 걷는 중이다.

Chapter 4

마음의 온도를 배워가는 중

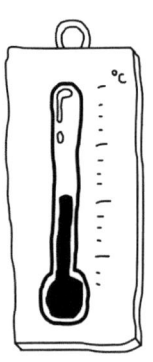

"고통은 우리를 더 깊은 이해로 이끌 수 있다."

-얄롬(Irvin D. Yalom)-
『The Gift of Therapy』

가장 오래된 빛

"사랑은 흔적이 남는다.
눈에 안 보여도 마음에 남는다."

학창 시절,
엄마는 아침마다 "사랑하는 나의 아들아~" 하고
노래를 부르며 나를 깨웠다.

처음엔 장난처럼,
어느 날엔 듣기 싫게 받아들여졌던
엄마의 자작곡.

엄마의 그 멜로디는
지금도 문득문득 생각난다.

어쩌면 지금의 다정한 내가 있다면
누군가에게 마음을 표현하는 내가 있다면
뭐든 챙겨주고 싶어 하는 내가 있다면
그건 엄마 덕분일 것이다.

받았던 그 사랑은
시간이 흘러도 지워지지 않는
가장 오래된 빛이다.

새벽을 내어준다는 것

"가장 고요한 시간에 머무는 노래는

마음을 더 조용히 흔든다."

문득 그런 상상을 해본다.
만약 내가 가수라서
내 노래가 누군가의 새벽을 채우고 있다면
그건 단지 듣는 것 이상의 의미일지도 모른다.

그 사람이 내 노래를 단순히 좋아서 듣는 게 아니라,
그 조용한 시간
고요한 마음을 기꺼이 내어준 거라면.

그 새벽의 공기, 어둠, 침묵 위로
내 목소리가 흘러가는 걸 듣고 있다는 건
내 말에, 내 마음에
조용히 귀 기울이고 있다는 뜻일지도 모른다.

그걸 생각하면 이상하게도 고마워진다.
내 노래를 그 새벽에 들어주는 사람
가장 말 없는 순간에 나를 초대해 준 사람.

마음이 가장 열려 있는 시간
세상의 소리가 낮게 가라앉은 시간

그 속에 내 목소리가 흐르고 있다는 상상.

그건 단순히 음악을 듣는 일이 아니라
그 사람의 가장 깊은 시간에
조용히 나를 머물게 해주는 일일지도 모른다.

그리고 별일 아닌 얘기에도
아무 말 없이 마음을 열고 들어줄 수 있다면.
그 사람은 나의 가장 깊은 이야기를
새벽처럼 자리를 내어준 것이라 생각한다.

어디 가지 마

"내게 와준 사람"

"어디 가지 마."
그 말을 들었을 때,
문득 마음이 조용히 멈췄다.

누군가가 나를 향해
진심을 꺼내는 순간은
언제나 예상하지 못한 곳에서 온다.

그 말 속에 담긴 진심이
가만히 마음을 두드렸다.

그 순간,
누군가의 하루에
누군가의 마음이
그런 식으로 내게 닿았다는 사실만으로
괜스레 고마웠다.

어떤 날은, 말 한마디가 버팀목처럼 느껴지고,
어떤 날은, 아무렇지 않게 건넨 말이
생각보다 오래 남았다.

돌아보면
내가 버틸 수 있었던 순간들엔
늘 타인의 마음이 있었다.

조용히 곁을 지켜준 마음.
말없이 건네준 믿음.

그런 마음들이
나를 조금씩 단단하게 만들었다.
고마워요.
내 인생에 들어와 줘서.

흔들리지 않는 마음 앞에서

"걱정해달라고 말했지만, 걱정시키는 게 서툴렀다."

가끔은 걱정시키게 하고 싶어서,
슬쩍 마음을 꺼내놓을 때가 있다.
괜찮아? 라는 말이 듣고 싶어서.

근데 막상 걱정해 주는 말을 들으면
괜히 민망해진다.
상대의 감정을 쓰게 만든 건 아닐까 싶어서.

그래서 다시 아무렇지 않은 척을 한다.
그런 순간들이 있었다.

대학 시절
그냥 나를 걱정해 주는 사람들을 만났다.

마음을 꺼내도 나를 이상하게 여기지 않고
그저 듣고, 자기 얘기를 덧붙이며
조용히 옆에 있어 주는 친구들.

내 감정에 휘둘리지 않고
가볍게 넘기지도 않고

그저 옆에 있어주는 그 태도가
참 안정감 있게 느껴졌다.

어쩌면 그 친구들 덕분에
나는 처음으로
내 마음을 꺼내는 연습을 했는지도 모른다.

그 앞에서는
고마우면서도 이상하게 미안했다.

불완전함이 서로를 끌어당긴다

"완벽함보다 마음을 움직이는 건, 작은 틈이다."

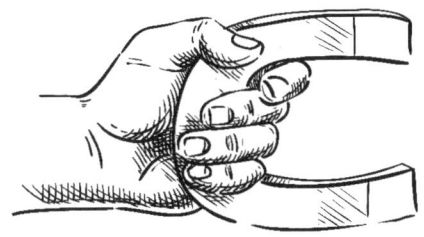

인간은 모두 어딘가 불완전하다.
바로 그 불완전함이
서로의 세계로 끌어당긴다.

완벽하게 채워진 사람보다
조금 비어 있는 사람에게 마음이 간다.
그 빈틈을 알아채고
조심스럽게 채워주고 싶어진다.

나 역시 그랬다.
나도 모르게 눌러온 감정들
초라한 내 모습들을
그 사람 앞에서는 굳이 숨기지 않아도 괜찮았다.

오히려 그걸 알아봐 주고
그 틈을 향해 다가와 주었다.
그렇게 우리는 조금씩 서로의 세계로 들어갔다.

서툰 모습도, 쑥스러운 모습도,
있는 그대로 바라봐주는 사람을 만나는 일.

그건 완벽을 맞추는 일이 아니라
서로의 부족한 점을 메꿔주는 일이다.

나는 완벽하지 않다.
그리고 완벽하지 않아도 된다는 걸 알았다.
다행이었다.

오늘을 잘 보내는 일

"하루가 흐린 날에도, 지난 계절은 햇살이었다."

제주도에서 일하며 보낸 6개월.
그때는 참 힘들었다.
낯선 곳에서 낯선 사람들과 지내며
일도 고되고 몸은 늘 피곤했다.

근데 10년도 더 지난 지금 이상하게도
그 시간만 떠올리면 마음이 따뜻해진다.

23살, 전역한 다음 날 바로 제주도로 내려가
펜션에서 일하고 숙소에서 잠들던 날들.

아침에 눈을 떴을 때
내가 꿈꾸던 바다가 눈앞에 펼쳐졌고
그 풍경 하나로 하루를 견딜 힘이 났다.

그때는 몰랐다.
그 계절이 나중에 내 마음 한가운데
햇살처럼 남을 거라는 걸.

생각해 보면 삶의 많은 순간들이 그랬다.

사는 건 버겁고
오늘은 자꾸 무겁고
당장은 기쁨보다 피로가 먼저였지만
돌아보면
그 모든 시간이 따뜻했다.

그 무모했던 날들이
내 청춘의 햇살이었다.

그러니 오늘도
조금은 버거운 하루일지라도
그저 성실히 살아내면 된다.

이 하루가 언젠가
내 기억 속의 좋은 계절이 되어줄 테니까.

하루가 흐린 날에도
지난 계절은 햇살이었다.

멈추지 않아 기억에 남은 길

"가장 기억에 남았던 길은

한 번쯤 포기할 뻔한 길이다."

식당에서 혼밥도 못 하던 나는
제법 용기가 생겨
혼자 여행도 가봤다.

홍콩에 도착한 다음 날
바다가 한눈에 보이는 카페를 찾겠다는 일념으로
3시간을 내리 걷던 날이 있었다.

그날은 이상하리만치 고집이 났다.
택시 탈까? 고민하다가도
조금만 더 가보자는 마음으로 계속 걸었다.

발은 아프고, 햇빛은 따갑고,
무엇보다 그런 카페가 없을지도 모른다는 생각이
가장 나를 걱정하게 했다.
어느 순간 눈앞에 펼쳐진 풍경이 나를 멈춰 세웠다.

"와… 이거다."

굳이 멋진 경치나
맛있는 음식을 떠올리지 않아도 좋았다.
내가 이 길을 걸어왔다는 그 사실이
그 순간을 더 감동적으로 만들었다.

그때 느꼈다.
기억에 남는 길은
쉽게 온 길이 아니더라.

삶도 마찬가지다.
돌아보고 나서야
'그래, 참 잘 걸었다' 싶은 길이 있다.

그 길이 결국
지금에 나도
여기까지 데려왔다.

그 여행에서 가장 기억에 남는 장면은,
포기할 뻔한 순간이었다.

이별이 남기는 것들

"추억이 된다는 건

다시 만질 수 없다는 뜻이기도 하다."

이별을 한다는 건
나를 가장 잘 아는 사람과
내가 함께했던 많은 순간과 장소가
모두 '추억'이 되어버리는 것이다.

둘만 아는 모든 것이
더 이상 현재가 아닌
과거의 장면이 되어가는 것.

사라지는 게 아니라
천천히 멀어지는 것.

한때는 너무 지치고
서로를 미워하며 헤어지자 말했지만
그 끝에 남는 건
마음 한쪽이 생살처럼 뜯기는
쉽게 아물지 않는
그런 아픔일 것이다.

누군가에겐
흔하디흔한 연애의 끝이었을지 몰라도
당사자에겐
자신의 한 조각을 잃어버리는 일인 것이다.

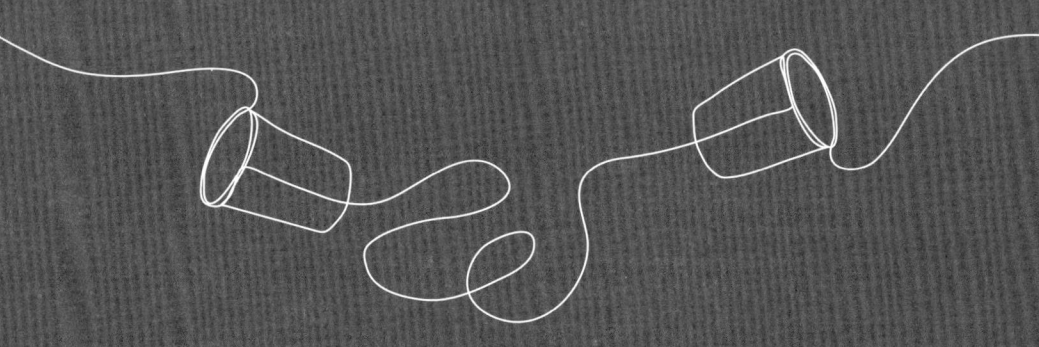

마음을 다루는 길을 선택했다.
누군가의 이야기를 듣는 일이자,
내 삶을 들여다보는 일이었다.
그 선택이 어디로 향하든,
나는 지금까지의 모든 걸 후회하지 않는다.
이건 내가 선택한 나다운 삶의 태도다.

Chapter 5

지나서야 알게 되는 것들

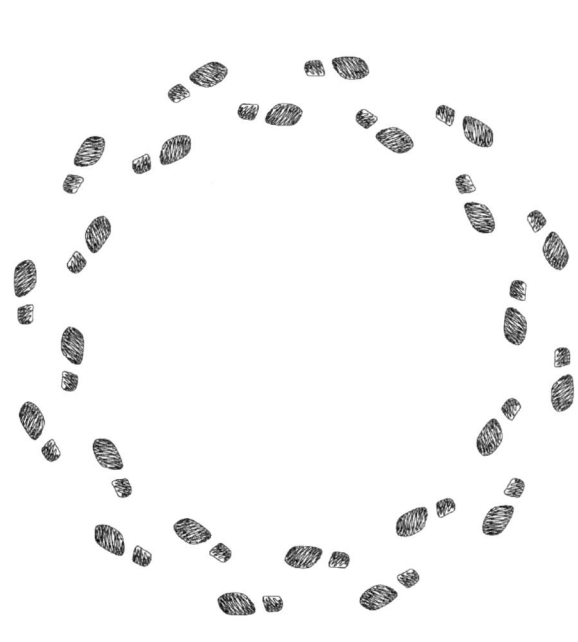

"삶은 우리가 만들어내야 할
의미에 대한 끊임없는 질문이다."

- 빅터 프랭클(Viktor E. Frankl) -
『Man's Search for Meaning』

변화시킨 내가 더 중요했다

"성공보다 기억에 남는 건, 바로 달라진 나."

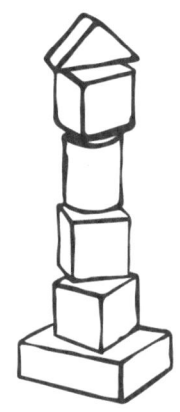

어떤 순간은 결과보다
'내가 내 삶을 바꿀 수 있다는 실감'이 더 강하게 남는다.

고등학생 때,
한 번쯤은 죽어라 해보자는 마음으로
공부에 몰입했던 시기가 있다.

평소와는 완전히 다른 방식으로,
스스로 관리하고 집중했다.
그리고 기대치보다 훨씬 높은 성적이 나왔다.

그런데 진짜 기억에 남는 건
그 성적이 아니라
내 인생을 바꿀 수 있다는 통제감이었다.
그건 숫자보다 훨씬 강한 감정이었다.

누구에게 시키지 않아도 스스로 계획하고
하루하루를 쌓아 올려 성과를 만들어낸 경험은
나에게 삶의 핸들 같은 걸 쥐여준 기분이었다.

늘 결과는 잠깐이겠지만
바꿀 수 있다는 신념은 남았다.

기회는 준비된 결과다

"우연처럼 보이지만

기회는 준비 위에 피는 꽃이다."

기회는 생각보다 특별하게 오지 않는다.
드라마처럼 현관문을 두드리는 것도 아니고,
어떤 멋진 음악과 함께 등장하지도 않는다.

그저 스쳐 지나가는 홍보물 하나,
무심히 건넨 제안 하나가
인생의 방향을 바꿔놓기도 한다.

하지만 그게 기회로 보이려면
이미 마음속 준비가 되어 있어야 한다.
준비가 되어 있지 않으면,
그건 그냥 우연으로 지나간다.

예전에 누군가 '기회는 평생 세 번은 온다.'라고
말하는 걸 들었다.

하지만 그 말보다 더 중요한 건
그걸 알아보는 눈과
움직일 수 있는 마음이다.

나는 요즘 생각한다.
기회는 갑자기 오는 게 아니라
늘 나를 지켜보고 있다가
내가 준비되었을 때
살짝 고개를 내민다고.

그러니 조급해하지 말고
준비된 마음으로
오늘을 살아가면 된다.
기회는 반드시 온다.

3초의 용기

"숨 한 번, 마음 한 번이면 충분하다."

살면서 딱 3초만 용기 내면
좋은 일이 생긴다고 했던 말을
어디선가 들은 적이 있다.

고맙다는 말,
미안하다는 말,
처음 인사 건네는 순간,
망설이다가 손 한번 번쩍 드는 일.

별거 아닌 것처럼 보여도,
그 짧은 3초가
인생에 작은 시동을 걸어 줄 때도 있고
못할 줄 알았던 걸 해결해 줄 때도 있다.

나도 그런 순간이 있었다.
숨 한 번
망설임 두 번
그리고 조용히 꺼낸 한마디

누군가에겐 아주 쉬운 일이었겠지만
내게는 평생 못 할 것 같았던 말,
"아빠 사랑해"
처음으로 건네는데
3초가 걸렸다.

누구를 위한 열정인가요

"직업은 목적지가 아니라, 내가 걸어가는 방식이다."

지원 동기가 무엇인가요?
면접장에서 가장 자주 듣는 질문이다.
그리고 우리는 늘 정답처럼 말한다.
"어릴 때부터 이 분야에 관심이 있었고,
귀사에 기여하고 싶습니다."

그 마음, 틀린 건 아니다.
정말 그 일을 하고 싶어서 지원한 거고,
회사에 기여하는 사람이 되고 싶은 목표도 있다.

하지만 그보다 먼저 떠올랐던 건,
일에만 모든 것을 쏟아붓는 열정맨이기보단
가족과 함께 시간을 보낼 수 있는 삶을 원했다.
가족과 밥을 먹고, 소소한 이야기를 나누고,
하루의 끝을 나답게 마무리할 수 있는 그런 삶.

직업은 회사만을 위한 선택이 아니라
나의 일상을 구성하는 큰 퍼즐이기도 하다.
그래서 내 마음의 중심엔
내가 어떤 사람으로 살아가고 싶은가가 먼저 있었다.

누군가 회사가 아닌 나를 위해
왜 이 일을 하냐는 질문을 해준다면
"내 삶을 소중하게 살고,
그 과정에서 일적으로도 성장하고 싶어요."
라고 대답하고 싶다.

마음의 무기

"울타리는, 나를 위한 예의다."

나는 잘 참는 사람이었다.
맞춰주고, 이해하고, 넘기는 것.
그렇게 해야 내가 적응할 수 있었고
또 그게 어른스러운 태도라고 믿었다.

시간이 지나면서 알게 된 건
참는다고 좋게 마무리가 되는 것만은 아니라는 것.
내 마음을 지키기 위해선
작은 칼 하나쯤은 들고 있어야 한다는 걸.

그 칼은 누굴 찌르기 위한 게 아니다.
나를 찌르지 못하게 하는 울타리 같은 것이자
말없이 내 경계를 알려주는 도구였다.

그걸 조금씩 배워가면서
나는 잘 참는 사람이 아니라
나를 지키는 사람이 되어가고 있다.

흔들려도 선명한 순간

"카메라는 담지 못한 마음이, 오래 남는다."

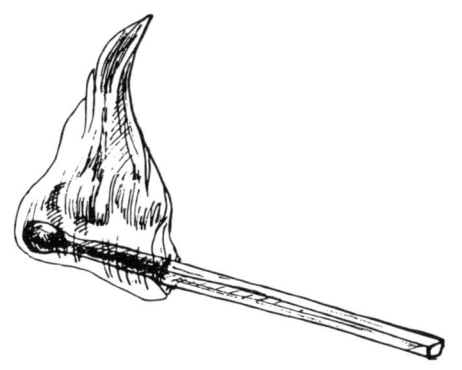

폰 속에 담긴 25살의 나.
그때의 나는 인도에 있었다.
처음 떠난 해외여행.
사진도 많고, 기록도 많지만
가장 기억에 남는 건 엉망인 순간들이다.

배탈이 나서 방에 쭈그러져 있던 날.
에어컨 안 나오는 기차 안에서 구겨져 자던 밤,
동물과 인간의 경계가 없던 지저분한 거리.

무질서하고 혼란스러웠지만
그 여정 덕분에
예쁘게 찍은 풍경보다
그때 느꼈던 감정이 훨씬 더 생생하다.

지금의 시간도
그때 그 인도처럼
뭔가 조금 어설프고 현실적인 순간들이
오히려 더 오래 남는다.

기억에 남는 건
멋지게 찍힌 사진보다
거기에 담겨 있는
그때의 내 감정이다.

가장 귀한 건 이미 받았다

"받았다는 걸 느끼는 데는 시간이 걸렸다."

운명이 있다면, 그리고 신이 있다면
내게 어떤 걸 주었을까.

나는 키가 크지도 않고
특출난 재능이 있는 것도 아니며
뛰어난 환경 속에서 자란 것도 아니었다.
그래서 늘 스스로 노력해야 한다고 생각했다.

그런데, 가만히 돌아보니
하늘은 아무것도 주지 않은 게 아니었다.

힘들어도 끈질기게 버틸 수 있는 의지와
사람에게 다가가고픈 마음과
넘치도록 사랑을 주는 우리 엄마를
비밀처럼 쥐여 준 것 같다.

내가 받은 게 얼마나 큰 것인지
천천히 알아가는 중이다.

그냥 살아도 괜찮아

"강물은 자기를 어디로 데려가는지 묻지 않는다."

종종 이런 생각을 한다.
우리는 특별한 존재가 아닐지도 모른다.
강아지처럼, 사슴처럼, 참새처럼
자연스레 살다 떠나는 동물일 뿐.

꼭 성취하고
꼭 높이 올라가야만
좋은 삶이 되는 건 아니다.
지금 이 순간을 충실히 살아가도
나는 나대로의 인생이 된다.

의미 부여를 하지 않아도,
매일 해석하려 애쓰지 않아도,
모든 고통을 배움으로 바꾸지 않아도,
충분히 괜찮은 삶이 될 수 있다.

햇살이 좋으면 눈을 감고,
커피가 맛있으면 한 모금 더 마시고,
마음이 피곤하면 조용히 쉬고,

기분 좋은 날씨를 만끽하고,
그렇게 하루를 기분대로 살아내는 것만으로도
이미 잘 살고 있는지도 모른다.

그러니까,
너무 힘주지 말고
그냥 살아도 된다.
크게 욕심내지 않아도
강아지처럼, 사슴처럼, 참새처럼 살아도
괜찮다.